2017 개정된 교과서에 따른

글씨체 따라 쓰기

(2-1)

편집부편

와이 앤 엠

차 례

2017 개정된 교과서에 따른

글씨체 따라 쓰기

2-1

글을 읽고 다음에 예쁘게 따라 써 봅시다.

국어 가-7쪽

봄

윤동주

우리 아기는

아래 발치에서 코올코올

고양이는

부뚜막에서 가릉가릉

아기 바람이

나뭇가지에서 소올소올

아저씨 해님이

하늘 한가운데서 째앵째앵.

4

글씨를 예쁘게 따라 써 봅시다.

봄
봄

우리   아기는
우리   아기는

아래   발치에서
아래   발치에서

코올코올
코올코올

글씨를 예쁘게 따라 써 봅시다.

고양이는
고양이는

부뚜막에서　가릉
부뚜막에서　가릉

가릉
가릉

아기 바람이
아기 바람이

나뭇가지에서 소
나뭇가지에서 소

올소올
올소올

아저씨 해님이
아저씨 해님이

글을 읽고 다음에 예쁘게 따라 써 봅시다.

국어 가-16쪽

잠자는 사자

김은영

으르렁 드르렁
드르르르 푸우 ──

아버지 콧속에서
사자 한 마리
울부짖고 있다.

생쥐처럼 살금살금
양말을 벗겨 드렸다.

✏️ 글씨를 예쁘게 따라 써 봅시다.

잠 자 는 　 사 자

으 르 렁 　 드 르 렁

드 르 르 르 　 푸 우 ―

아 버 지 　 콧 속 에 서

아버지 콧속에서

사자 한 마리
사자 한 마리

울부짖고 있다.
울부짖고 있다.

생쥐처럼 살금살
생쥐처럼 살금살

금
금

양말을 벗겨 드
양말을 벗겨 드

렸다.
렸다.

교과서에 나온 낱말을 예쁘게 따라 써 봅시다.

미안해
미안해

부뚜막에서
부뚜막에서

드렸다
드렸다

한가운데서
한가운데서

벌려야
벌려야

뒤돌아보고
뒤돌아보고

빠진다
빠진다

없었거든요
없었거든요

교과서에 나온 낱말을 예쁘게 따라 써 봅시다.

발	치	에	서
발	치	에	서

벗	겨
벗	겨

풀	밭	을
풀	밭	을

코	올	코	올
코	올	코	올

빼	야
빼	야

좋	겠	다
좋	겠	다

나	뭇	가	지
나	뭇	가	지

컥	컥
컥	컥

양	말	을
양	말	을

소	올	소	올
소	올	소	올

넓	은
넓	은

벌	레	야
벌	레	야

글을 읽고 다음에 예쁘게 따라 써 봅시다.

국어 가-52쪽

오늘 내 기분은····

선생님은 월요일마다 친구들에게 기분을 물었어요.

오늘은 테오에게 물었지요.

"테오야, 오늘은 기분이 어떠니?"

"모르겠어요."

테오가 작게 말했어요. 선생님이 다시 물었어요.

"테오에게 여동생이 생겼다던데?"

선생님의 말에 친구들은 놀랐어요.

"아마 행복할 거야."

에릭이 말했어요.

"내가 새 자전거를 선물받았을 때처럼 말이야."

"어쩌면 질투가 날지도 몰라."

릴리가 말했어요.

"상을 타 온 우리 언니가 칭찬받았을 때처럼 말이야."

"두려울지도 몰라."

아민이 말했어요.

"내가 길을 잃어버렸을 때처럼 말이야."

"슬플 거야."

에이프릴이 말했어요.

"내가 강아지를 잃어버렸을 때처럼 말이야."

"자랑스러운 기분일 거야."

미나가 말했어요.

"내가 야구 시합에서 홈런을 쳤을 때처럼 말이야."

글씨를 예쁘게 따라 써 봅시다.

오늘 내 기분은…

선생님은 월요일마

다 친구들에게 기분

을 물었어요.

오늘은 테오에게

16

오늘은 　테오에게

물었지요.

"테오야, 　오늘은

기분이 　어떠니?"

"모르겠어요."

테오가　작게　말했

테오가　작게　말했

어요.　선생님이　다시

어요.　선생님이　다시

물었어요.

물었어요.

"테오에게　여동생

"테오에게　여동생

이　생겼다던데?"

이　생겼다던데?"

선생님의 말에 친

선생님의 말에 친

구들은 놀랐어요.

구들은 놀랐어요.

"아마 행복할 거

"아마 행복할 거

야."

야."

"내가 새 자전거

"내가 새 자전거

를 선물 받았을
를 선물 받았을

때처럼 말이야. "
때처럼 말이야. "

"어쩌면 질투가
"어쩌면 질투가

날지도 몰라. "
날지도 몰라. "

릴리가 말했어요.

"상을 타 온 우리 언니가 칭찬받았을 때처럼 말이야."

글씨를 예쁘게 따라 써 봅시다.

"두려울지도 몰라."
"두려울지도 몰라."

아민이 말했어요.
아민이 말했어요.

"내가 길을 잃어
"내가 길을 잃어

버렸을 때처럼 말
버렸을 때처럼 말

이야."

22

이야. ”

“슬플　거야. ”
“슬플　거야. ”

에이프릴이　말했어
에이프릴이　말했어

요.
요.

“내가　강아지를
“내가　강아지를

잃어버렸을 때처럼

말이야."

"자랑스러운 기분

일 거야."

미나가 말했어요.

24

“내가 야구 시합
에서 홈런을 쳤을
때처럼 말이야.”

✏️ 교과서에 나온 낱말을 예쁘게 따라 써 봅시다.

넘	어	갈
넘	어	갈

생	겨	났	어	요
생	겨	났	어	요

막	히	고
막	히	고

월	요	일	마	다
월	요	일	마	다

열	심	히
열	심	히

친	구	들	에	게
친	구	들	에	게

눈	앞	이
눈	앞	이

모	르	겠	어	요
모	르	겠	어	요

교과서에 나온 낱말을 예쁘게 따라 써 봅시다.

발	끝	으	로
발	끝	으	로

끊	겨
끊	겨

빠	진	다
빠	진	다

뒤	꿈	치	로
뒤	꿈	치	로

쉬	며
쉬	며

머	릿	속
머	릿	속

풀	꽃	에	게
풀	꽃	에	게

없	어
없	어

눈	앞	이
눈	앞	이

콧	속	에	서
콧	속	에	서

싫	어
싫	어

소	동	이
소	동	야

✏️ 글을 읽고 다음에 예쁘게 따라 써 봅시다.

국어나 206쪽

선생님, 바보 의사 선생님

글:이상희

아, 참 따뜻한 손이에요.! 장기려 선생님 손이에요. 어느새 깜깜한 밤인데 선생님은 왜 안 자는 걸까요? 나처럼 늦게 자고 싶은 걸까요? 늦게 자면 키가 안 큰다고 엄마가 그랬는데, 그래서 선생님도 키가 작은가 봐요. 하지만 선생님 손은 아주 아주 커다랗고 따뜻해요.

병실에 누워만 있는 건 진짜 심심해요. 엄마가 일 끝내고 밤 늦게 올 때까지 나 혼자뿐이거든요. 나는 몰래 침대를 빠져나와 병원 안을 돌아다녀요. 그러다 장기려 선생님이 지나가는 걸 보면 얼른 따라가요. 병실에서 병실로, 진찰실에서 또 수술실로, 장기려 선생님은 쉬지 않고 환자를 보러 다녀요.

오늘은 엄마가 쉬는 날이에요. 엄마 등에 업혀 사르르 잠이 들려고 할 때였어요. 옆 침대 아줌마가 엄마에게 말을 걸었어요.

"장기려 선생님 얘기 들었어요? 얼마 전에 밀린 입원비 때문에 퇴원 못 하는 환자를 사무장님 몰래 뒷문으로 내보내셨대요."

그러자 엄마가 대답했어요.

"그건 아무것도 아니에요. 은행에서 병원으로 전화가 왔더래요. 어떤 거지가 선생님 수표를 가지고 왔으니 확인해 달라고요. 틀림없이 훔치거나 주운 것이라 생각했는데, 세상에, 월급받은 걸 통째로 준 거였대요."

"남한테는 그리 베풀면서, 정작 선생님 가운은 소매가 나달나달하던데…… ."

"월급 많이 주면서 모셔 가려는 병원도 많은데, 우리같이 없는 사람들 돌보려고 사서 고생하시는 거래요. 그래서 별명이 바보 의사라잖아요."

선생님이 바보 의사래요. 장기려 선생님은 바보 의사 선생님…… .

나는 선생님을 찾아가 보기로 했어요. 간호사 누나가 가르쳐 준 대로 병원 옆으로 난 오솔길을 따라갔지요.

하얗고 작은 집, 여기가 장기려 선생님 집이래요. 나는 코가 납작해지도록 창문에 들러붙어 구경을 했어요. 방 안에 책상, 책, 침대 그리고…… .

갑자기 커다랗고 따뜻한 손이 내 어깨를 만졌어요.

"너, 기오 아니냐? 이렇게 다녀도 괜찮니? 무릎 수술이 잘돼서 다행이구나. 하지만 너무 무리하면 안 돼."

나는 깡충 뛰고 싶을 만큼 반가웠지만, 입에서는 엉뚱한 소리가 나왔어요.

"선생님 집도 우리 집처럼 가난하네요."

선생님은 껄껄 웃으며 나를 집 안으로 데리고 들어갔어요.

"그런데 선생님, 어디 갔다 왔어요.?"

"의사가 없는 마을에 가서 사람들을 치료하고 왔단다. 병원이 없어서 아파도 치료를 받지 못하는 사람이 많거든."

나는 갑자기 궁금해졌어요.

"선생님은 어릴 때부터 의사가 되고 싶었어요?"

"그래, 의사가 되고 싶었지. 가난하고 병든 사람을 돕는 의사. 그런데 점점 어려워지는구나. 치료에 쓰는 약이나 기구 값이 엄청나거든. 그래서 요즘은 건강할 때 조금씩 돈을 모아서 병나고 다쳤을 때 걱정 없이 치료받을 수 있는 방법을 생각하고 있어."

✏️ 글씨를 예쁘게 따라 써 봅시다.

교과서 따라 쓰기 글은 '원지쓰는 법'에 따라 쓴 글입니다.

선생님, 바보

의사 선생님

아, 참 따뜻한 손

이에요! 장기려 선

생님 손이에요. 어느

생님 손이에요. 어느

새 깜깜한 밤인데
새 깜깜한 밤인데

선생님은 왜 안 자
선생님은 왜 안 자

는 걸까요? 나처럼
는 걸까요? 나처럼

늦게 자고 싶은 걸
늦게 자고 싶은 걸

까요? 늦게 자면
까요? 늦게 자면

키가 안 큰다고 엄
키가 안 큰다고 엄

마가 그랬는데, 그래
마가 그랬는데, 그래

서 선생님도 키가
서 선생님도 키가

작은가 봐요. 하지만
작은가 봐요. 하지만

선생님 손은 아주 아
주 커다랗고 따뜻해
요.

병실에 누워만 있
는 건 진짜 심심해

| 는 | 건 | 진짜 | 심심해 |

| 요. | 엄마가 | 일 | 끝내 |
| 요. | 엄마가 | 일 | 끝내 |

| 고 | 밤늦게 | 올 | 때까 |
| 고 | 밤늦게 | 올 | 때까 |

| 지 | 나 | 혼자뿐이거든 |
| 지 | 나 | 혼자뿐이거든 |

| 요. | 나는 | 몰래 | 침대 |
| 요. | 나는 | 몰래 | 침대 |

를 빠져나와 병원

안을 돌아다녀요. 그

러다 장기려 선생님

이 지나가는 걸 보

면 얼른 따라가요.

글씨를 예쁘게 따라 써 봅시다.

병실에서　병실로,　진
병실에서　병실로,　진

찰실에서　또　수술실
찰실에서　또　수술실

로,　장기려　선생님은
로,　장기려　선생님은

쉬지　않고　환자를
쉬지　않고　환자를

보러　다녀요.

보러 다녀요.

오늘은 엄마가 쉬
오늘은 엄마가 쉬

는 날이에요.
는 날이에요.

엄마 등에 업혀
엄마 등에 업혀

사르르 잠이 들려고
사르르 잠이 들려고

글씨를 예쁘게 따라 써 봅시다.

| 할 | | 때 | 였 | 어 | 요 | . | | 옆 | 침 |

| 대 | | 아 | 줌 | 마 | 가 | | 엄 | 마 | 에 |

| 게 | | 말 | 을 | | 걸 | 었 | 어 | 요 | . |

| | | " | 장 | 기 | 려 | | 선 | 생 | 님 |

| | 애 | 기 | | 들 | 었 | 어 | 요 | ? | |

40

얼마 전에 밀린

입원비 때문에 퇴

원 못 하는 환자

를 사무장님 몰래

뒷문으로 내보내셨

뒷문으로　내보내셨

대요.”
대요.”

그러자　엄마가　대
그러자　엄마가　대

답했어요.
답했어요.

“그건　아무것도
“그건　아무것도

아니에요. 은행에서

병원으로 전화가

왔더래요. 어떤 거

지가 선생님 수표

를 가지고 왔으니

43

확인해 달라고요.
확인해 달라고요.

틀림없이 훔치거나
틀림없이 훔치거나

주운 것이라 생각
주운 것이라 생각

했는데, 세상에, 월
했는데, 세상에, 월

급 받은 걸 통째

급 받은 걸 통째

로 준 거였대요."
로 준 거였대요."

"남한테는 그리
"남한테는 그리

베풀면서, 정작 선
베풀면서, 정작 선

생님 가운은 소매
생님 가운은 소매

글씨를 예쁘게 따라 써 봅시다.

가 나달나달하던데..'

"월급 많이 주면

서 모셔 가려는

병원도 많은데, 우

리같이 없는 사람

46

들　돌보려고　사서
들　돌보려고　사서

고생하시는　거래요.
고생하시는　거래요.

그래서　별명이　바
그래서　별명이　바

보　의사라잖아요."
보　의사라잖아요."

선생님이　바보　의

선생님이 바보 의

사래요. 장기려 선생
사래요. 장기려 선생

님은 바보 의사 선
님은 바보 의사 선

생님···.
생님···.

나는 선생님을 찾
나는 선생님을 찾

아가 보기로 했어요.
아가 보기로 했어요.

간호사 누나가 가르
간호사 누나가 가르

쳐 준 대로 병원
쳐 준 대로 병원

옆으로 난 오솔길을
옆으로 난 오솔길을

따라갔지요.
따라갔지요.

글씨를 예쁘게 따라 써 봅시다.

하얗고 작은 집,

여기가 장기려 선생

님 집이래요. 나는

코가 납작해지도록

창문에 들러붙어 구

50

창문에 둘러붙어 구

경을 했어요. 방 안
경을 했어요. 방 안

에 책상, 책, 침대
에 책상, 책, 침대

그리고…….
그리고…….

갑자기 커다랗고
갑자기 커다랗고

글씨를 예쁘게 따라 써 봅시다.

따뜻한 손이 내 어
따뜻한 손이 내 어

깨를 만졌어요.
깨를 만졌어요.

"너, 기호 아니냐?
"너, 기호 아니냐?

이렇게 다녀도 괜
이렇게 다녀도 괜

찮니? 무릎 수술
찮니? 무릎 수술

52

이 잘돼서 다행이
이 잘돼서 다행이

구나. 하지만 너무
구나. 하지만 너무

무리하면 안 돼."
무리하면 안 돼."

나는 깡충 뛰고
나는 깡충 뛰고

싶을 만큼 반가웠지

싶을 만큼 반가웠지

만, 입에서는 엉뚱한
만, 입에서는 엉뚱한

소리가 나왔어요.
소리가 나왔어요.

"선생님 집도 우
"선생님 집도 우

리 집처럼 가난하
리 집처럼 가난하

네요."

네요."

선생님은 껄껄 웃

으며 나를 집 안으

로 데리고 들어갔어

요.

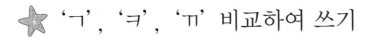 '㉠', '㉡', '㉢' 비교하여 쓰기

가	을
가	을

커	다	란
커	다	란

까	만
까	만

깃	발
깃	발

코
코

발	뒤	꿈	치
발	뒤	꿈	치

★ 'ㄷ', 'ㅌ', 'ㄸ' 비교하여 쓰기

달	걀
달	걀

깃	털
깃	털

따	뜻	한
따	뜻	한

둥	실	둥	실
둥	실	둥	실

미	끄	럼	틀
미	끄	럼	틀

★ 'ㅂ', 'ㅍ', 'ㅃ' 비교하여 쓰기

바	라	보	고
바	라	보	고

밧	줄
밧	줄

백	성
백	성

파	리
파	리

풀	꽃
풀	꽃

손	뼉	을
손	뼉	을

도	와	줄	게
도	와	줄	게

주	전	자
주	전	자

괜	찮	아
괜	찮	아

반	짝	반	짝
반	짝	반	짝

교과서에 나온 낱말을 예쁘게 따라 써 봅시다.

찻	길	이
찻	길	이

생	겼	다	던	데
생	겼	다	던	데

밖	으	로
밖	으	로

선	물	받	았	을
선	물	받	았	을

한	숨	을
한	숨	을

칭	찬	받	았	을
칭	찬	받	았	을

헤	어	진
헤	어	진

두	려	울	지	도
두	려	울	지	도

교과서에 나온 낱말을 예쁘게 따라 써 봅시다.

울	부	짖	고
울	부	짖	고

훨	훨
훨	훨

소	동	이
소	동	이

화	끈	화	끈
화	끈	화	끈

앉	아
앉	아

찻	길	이
찻	길	이

평	화	롭	던
평	화	롭	던

낮	게
낮	게

한	숨	을
한	숨	을

건	널	수	가
건	널	수	가

날	면
날	면

구	하	러
구	하	러

국어나 246쪽

욕심쟁이 딸기 아저씨

김유경

아저씨는 딸기를 사 모으기 시작했습니다. 딸기를 워낙 좋아해서 딸기만 먹기로 한 것입니다. 아저씨는 딸기를 사고, 또 사고, 또 샀습니다. 어느새 딸기는 사다리에 올라가 높이높이 쌓아야 할 정도가 되었습니다.

아저씨가 사는 동네 과일 가게에는 이제 딸기가 없습니다. 동네 사람들은 딸기를 먹고 싶어도 먹을 수가 없게 되었습니다.

"돼지 같으니라고!"

"욕심쟁이!"

"어쩌면 저렇게 자기 생각만 할까?"

먹고, 먹고. 또 먹고…… .

하루하루 날이 갈수록 딸기는 처음처럼 맛있지 않았습니다.

어느 날 저녁이었습니다. 아저씨는 그날도 딸기만 먹다가 배탈이 났습니다. 그런데 마을 공터 쪽에서 왁자지껄한 웃음 소리가 들렸습니다.

무슨 일인지 궁금해서 창밖을 내다보니, 아이들과 어른들이 옹기종기 모여 수박을 먹고 있었습니다.

아저씨는 갑자기 심통이 나서 창문을 쾅 닫았습니다. 그때 "띵똥!" 초인종이 울렸습니다.

동네 꼬마가 수박을 들고 찾아왔습니다.

"아저씨, 수박 드세요."

아저씨는 얼떨결에 수박을 받아 들었습니다.

"어? 아저씨 집에서 달콤한 딸기 냄새가 나요. 저도 딸기 좋아하는데…… ."

아이의 갑작스런 말에 아저씨는 당황했습니다. 어떻게 해야 할지 몰라 머뭇거리는 아저씨를 보고 아이는 시무룩해졌습니다. 둘은 한참을 어색하게 서 있었습니다. 아이의 눈에 눈물이 그렁그렁했습니다. 그러더니 후다닥 뛰어가 버렸습니다. 아저씨는 멍하니 아이의 뒷모습을 바라보았습니다.

'딸기를 좀 나누어 줄 걸 그랬나?'

'지금이라도 딸기를 가져다줄까?'

'아니야, 내가 왜 그래야 돼?'

'그래도…… .'

아저씨는 이 생각, 저 생각에 뒤척이다 새벽이 되어서야 잠이 들었습니다.

다음 날, 아침 일찍 눈을 뜬 아저씨는 혼자서 빙그레 웃었습니다. 아저씨는 부랴부랴 자리에서 일어나 남은 딸기를 깨끗이 씻고, 꼭지를 따서 양동이에 나누어 담았습니다. 큰솥도 준비했습니다. 그러고는 손수레에 싣고 밖으로 부지런히 날랐습니다.

큰솥을 가득 채운 딸기는 어느새 맛있는 딸기잼이 되었습니다.

"와, 딸기잼이다. 맛있겠다!"

하하하, 호호호…… .

아저씨는 딸기잼을 동네 사람들에게 나누어 주었습니다. 함께 만들고 나누는 것이 이렇게 즐거운 일이라니… .

✏️ 글씨를 예쁘게 따라 써 봅시다.

욕심쟁이
욕심쟁이

딸기 아저씨
딸기 아저씨

아저씨는 딸기를
아저씨는 딸기를

사 모으기 시작했습
사 모으기 시작했습

니다. 딸기를 워낙

니다. 딸기를 워낙

좋아해서 딸기만 먹

기로 한 것입니다.

아저씨는 딸기를 사

고, 또 사고, 또 샀

글씨를 예쁘게 따라 써 봅시다.

습니다. 어느새 딸기

습니다. 어느새 딸기

는 사다리에 올라가

는 사다리에 올라가

높이높이 쌓아야 할

높이높이 쌓아야 할

정도가 되었습니다.

정도가 되었습니다.

아저씨가 사는 동

아저씨가 사는 동

네 과일 가게에는
네 과일 가게에는

이제 딸기가 없습니
이제 딸기가 없습니

다. 동네 사람들은
다. 동네 사람들은

딸기를 먹고 싶어도
딸기를 먹고 싶어도

먹을 수가 없게 되

글씨를 예쁘게 따라 써 봅시다.

먹을 수가 없게 되

었습니다.

"돼지 같으니라고!"

"욕심쟁이!"

"어쩌면 저렇게

자기 생각만 할까?"

먹고, 먹고, 또 먹

고······.

하루하루 날이 갈

수록 딸기는 처음처

글씨를 예쁘게 따라 써 봅시다.

럼　맛있지　않았습니
럼　맛있지　않았습니

다.
다.

어느　날　저녁이었
어느　날　저녁이었

습니다. 아저씨는　그
습니다. 아저씨는　그

날도　딸기만　먹다가

72

날도　딸기만　떡다가

배탈이　났습니다.　그

런데　마을　공터　쪽

에서　왁자지껄한　웃

음　소리가　들려왔습

니다. 무슨 일인지

궁금해서 창밖을 내

다보니, 아이들과 어

른들이 옹기종기 모

여 수박을 먹고 있

74

었습니다.

아저씨는 갑자기

심통이 나서 창문을

쾅 닫았습니다. 그때

"띵똥!" 초인종이

"띵똥!" 초인종이

울렸습니다.
울렸습니다.

동네 꼬마가 수박
동네 꼬마가 수박

을 들고 찾아왔습니
을 들고 찾아왔습니

다.
다.

"아저씨, 수박 드
세요."

아저씨는 얼떨결에
수박을 받아 들었습
니다.

글씨를 예쁘게 따라 써 봅시다.

"어? 아저씨 집

"어? 아저씨 집

에서 달콤한 딸기

에서 달콤한 딸기

냄새가 나요. 저도

냄새가 나요. 저도

딸기 좋아하는데.. ."

딸기 좋아하는데.. ."

아이의 갑작스런

아이의 갑작스런

말에 아저씨는 당황
말에 아저씨는 당황

했습니다. 어떻게 해
했습니다. 어떻게 해

야 할지 몰라 머뭇
야 할지 몰라 머뭇

거리는 아저씨를 보
거리는 아저씨를 보

고　아이는　시무룩해

졌습니다. 둘은　한참

을　어색하게　서　있

었습니다. 아이의　눈

에　눈물이　그렁그렁

했습니다. 그러더니

후다닥 뛰어가 버렸

습니다. 아저씨는 멍

하니 아이의 뒷모습

을 바라보았습니다.

글씨를 예쁘게 따라 써 봅시다.

을　바라보았습니다.

'딸기를　좀　나누
'딸기를　좀　나누

어　줄　걸　그랬나?'
어　줄　걸　그랬나?'

'지금이라도　딸기
'지금이라도　딸기

를　가져다줄까?'
를　가져다줄까?'　'

'아니야, 내가 왜

그래야 돼?'

'그래도······.'

아저씨는 이 생각,

저 생각에 뒤척이

글씨를 예쁘게 따라 써 봅시다.

다   새벽이   되어서야
다   새벽이   되어서야

잠이   들었습니다.
잠이   들었습니다.

다음   날,   아침   일
다음   날,   아침   일

찍   눈을   뜬   아저씨
찍   눈을   뜬   아저씨

는   혼자서   빙그레

84

는 혼자서 빙그레

웃었습니다. 아저씨는
웃었습니다. 아저씨는

부랴부랴 자리에서
부랴부랴 자리에서

일어나 남은 딸기를
일어나 남은 딸기를

깨끗이 씻고, 꼭지를
깨끗이 씻고, 꼭지를

따	서		양	동	이	에		나	누
따	서		양	동	이	에		나	누

어		담	았	습	니	다	.	큰	솥
어		담	았	습	니	다	.	큰	솥

도		준	비	했	습	니	다	.	그
도		준	비	했	습	니	다	.	그

러	고	는		손	수	레	에		싣
러	고	는		손	수	레	에		싣

고		밖	으	로		부	지	런	히
고		밖	으	로		부	지	런	히

날랐습니다.

날랐습니다.

큰 솥을 가득 채운

큰 솥을 가득 채운

딸기는 어느새 맛있

딸기는 어느새 맛있

는 딸기잼이 되었습

는 딸기잼이 되었습

니다.

글씨를 예쁘게 따라 써 봅시다.

니다.

"와, 딸기잼이다.
"와, 딸기잼이다.

맛있겠다!"
맛있겠다!"

하하하, 호호호….
하하하, 호호호….

아저씨는 딸기잼을
아저씨는 딸기잼을

88

동네 사람들에게 나

누어 주었습니다.

함께 만들고 나누는

것이 이렇게 즐거운

일이라니······. 아저씨

헤	어	진
헤	어	진

잃	어	버	렸	을
잃	어	버	렸	을

좋	겠	다
좋	겠	다

떠	올	랐	어	요
떠	올	랐	어	요

넘	어	갈
넘	어	갈

공	기	놀	이	를
공	기	놀	이	를

쉽	거	든
쉽	거	든

달	려	갔	어	요
달	려	갔	어	요

✏️ 교과서에 나온 낱말을 예쁘게 따라 써 봅시다.

커졌어요	싶어	좋겠다
훌쩍이며	훨훨	넘어갈
부럽다는	않아	쉽거든
말했어요	질투	위험할

글을 읽고 다음에 예쁘게 따라 써 봅시다.

국어나 266쪽

'토끼와 자라'를 읽고

아침에 보성이가 '토끼와 자라'를 읽고 있었다. 깔깔 웃기도 하는 것을 보니 무척 재미있어 보였다. 그래서 나도 도서관에 가서 '토끼와 자라' 책을 빌려 읽었다.

자라는 용왕님의 병을 낫게 하려고 토끼의 간을 구하러 갔다. 토끼는 자라에게 속아 용궁으로 가게 되었다. 용궁에 도착해서야 자신이 자라에게 속은 것을 알았다. 토끼는 당황하지 않고 꾀를 내어 다시 육지로 돌아올 수 있었다.

책을 읽으며 자라의 말에 쉽게 속는 토끼의 모습이 안타까웠다. 하지만 토끼가 어려움을 이겨 내는 모습이 재미있었다. 나도 토끼처럼 지혜로운 사람이 되고 싶다.

교과서 따라 쓰기 글은 '원지쓰는 법'에 따라 쓴 글입니다.

'토끼와 자라를'

'토끼와 자라를'

읽고

읽고

아침에 보성이가

아침에 보성이가

'토끼와 자라'를

'에생넓 거찻' 이

읽고 있었다. 깔깔

글씨를 예쁘게 따라 써 봅시다.

읽	고		있	었 다 .	깔 깔
웃	기 도		하 는		것 을
웃	기 도		하 는		것 을
보	니	무 척		재 미 있	어
보	니	무 척		재 미 있	어
보	였 다 .	그 래	서		나 도
보	였 다 .	그 래	서		나 도
도	서 관 에		가 서		'토
도	서 관 에		가 서		'토

끼와 자라' 책을
끼와 자라' 책을

빌려 읽었다.
빌려 읽었다.

자라는 용왕님의
자라는 용왕님의

병을 낫게 하려고
병을 낫게 하려고

토끼의 간을 구하러
토끼의 간을 구하러

갔다. 토끼는 자라에

게 속아 용궁으로

가게 되었다. 용궁에

도착해서야 자신이

자라에게 속은 것을

자라에게 속은 것을

알았다. 토끼는 당황
알았다. 토끼는 당황

하지 않고 꾀를 내
하지 않고 꾀를 내

어 다시 육지로 돌
어 다시 육지로 돌

아올 수 있었다.
아올 수 있었다.

위	험	할
위	험	할

친	구	들	에	게
친	구	들	에	게

관	심	이
관	심	이

공	기	놀	이	만
공	기	놀	이	만

매	달	려
매	달	려

가	족	회	의	를
가	족	회	의	를

힘	들	진
힘	들	진

쥐	어	짰	는	데
쥐	어	짰	는	데

✏️ 교과서에 나온 낱말을 예쁘게 따라 써 봅시다.

휘말리기
골라
한숨을

뻔했다고
슬픈
헤어진

훌쩍이며
쳤을
쉽거든

일으키는
줘야
행복할

글을 읽고 다음에 예쁘게 따라 써 봅시다.

국어활동 21쪽

마음의 색깔

포근함

따뜻한 할머니의 품, 보송보송한 털을 가진 새끼 양, 나를 위해 준비된 푹신한 이불…… . 포근함은 보드랍고 따뜻해서 편안한 기분이야.

우리는 동물이나 사람, 물건, 때로는 따뜻한 겨울바람에서도 포근함을 느낄 수 있어.
포근함은 정이나 가깝다는 느낌, 그리고 안아 주고 싶은 느낌과 비슷해.

포근함은 어디에 있을까?

포근함은 너의 마음 안에 있단다. 떨고 있는 작은 토끼나 울먹이는 친구를 보면 포근하게 안아 주고 싶어지지.

미움

어떤 사람이 마음에 들지 않고 거슬릴 때가 있지. 그런 마음을 미움이라고 한단다.

놀이터에서 함께 놀던 친구가 내 장난감을 망가뜨렸다면? 아껴 뒀다 먹으려던 간식을 동생이 먹어 버렸다면? 친구도 밉고, 동생도 밉다는 생각이 들거야.

미움은 얼마나 오래갈까?

어떨 땐 미움이 오랫동안 계속되기도 해. 그렇지만 잠깐 머물다 가는 경우도 있어.

간식을 빼앗겨 속상한 마음에 동생이 밉기도 하지만 곧 용서하고 포근하게 안아 줄 수도 있지.

기쁨

기쁨은 신나는 일들 때문에 생겨.

정말 좋은 기분이지.

아빠에게 칭찬을 받았을 때, 맛있는 간식을 먹었을 때, 네가

꼭 가지고 싶던 장난감을 갖게 되었을 때…… .

우리는 하루에도 셀 수 없을 만큼 많은 기쁨을 만날 수 있어.

기쁜 순간에는 어떤 일들이 일어날까?

힘이 샘솟고, 뭐든지 할 수 있다는 생각이 들거야. 허공을 향해 뛰어오르고 싶어지고, 박수를 치고 싶어지기도 할 거야.

신남

신이 나면 긍정적인 생각과 힘이 흘러넘친단다.

친구와 춤을 추면서 밤을 새울 수도 있지.

어떤 일이 정말 재밌어 보여서 막 해 보고 싶었던 적 있니?

넓은 운동장을 보고 뛰어다니고 싶은 기분이 들거나, 처음 배운 한글로 여러 가지를 읽을 수 있게 되었을 때처럼 말이야.

글씨를 예쁘게 따라 써 봅시다.

마음의　색깔

마음의　색깔

포근함

포근함

따뜻한　할머니의

따뜻한　할머니의

품, 보송보송한　털을

품, 보송보송한　털을

가진　새끼　양, 나를

가진 새끼 양, 나를

위해 준비된 푹신한
위해 준비된 푹신한

이불····. 포근함은
이불····. 포근함은

보드랍고 따뜻해서
보드랍고 따뜻해서

편안한 기분이야.
편안한 기분이야.

우리는 동물이나

우리는 동물이나

사람, 물건, 때로는

사람, 물건, 때로는

따뜻한 겨울바람에서

따뜻한 겨울바람에서

도 포근함을 느낄

도 포근함을 느낄

수 있어.

수 있어.

포근함은 정이나

포근함은 정이나

가깝다는 느낌, 그리

가깝다는 느낌, 그리

고 안아 주고 싶은

고 안아 주고 싶은

느낌과 비슷해.

느낌과 비슷해.

글씨를 예쁘게 따라 써 봅시다.

미움
미움

어떤　사람이　마음
어떤　사람이　마음

에　들지　않고　거슬
에　들지　않고　거슬

릴　때가　있지.　그런
릴　때가　있지.　그런

마음을　미움이라고

마음을 미움이라고

한단다.

한단다.

놀이터에서 함께

놀이터에서 함께

놀던 친구가 내 장

놀던 친구가 내 장

난감을 망가뜨렸다면?

난감을 망가뜨렸다며?

✏️ 글씨를 예쁘게 따라 써 봅시다.

아	껴		뒀	다		먹	으	려	던
아	껴		뒀	다		먹	으	려	던

간	식	을		동	생	이		먹	어
간	식	을		동	생	이		먹	어

버	렸	다	면	?		친	구	도	
버	렸	다	면	?		친	구	도	

밉	고	,		동	생	도		밉	다	는
밉	고	,		동	생	도		밉	다	는

생	각	이		들		거	야	.	
생	각	이		들		거	야	.	

미움은　얼마나　오

미움은　얼마나　오

래갈까？

래갈까？

어떨　땐　미움이

어떨　땐　미움이

오랫동안　계속되기도

오랫동안　계속되기도

해. 그렇지만　잠깐

해. 그렇지만 잠깐

머물다 가는 경우도
머물다 가는 경우도

있어.
있어.

간식을 빼앗겨 속
간식을 빼앗겨 속

상한 마음에 동생이
상한 마음에 동생이

밉기도 하지만 곧

밉기도 하지만 곧

용서하고 포근하게

용서하고 포근하게

안아 줄 수도 있지.

안아 줄 수도 있지.

기쁨

기쁨

글씨를 예쁘게 따라 써 봅시다.

기쁨은 신나는 일
기쁨은 신나는 일

들 때문에 생겨.
들 때문에 생겨.

정말 좋은 기분이
정말 좋은 기분이

지.
지.

아빠에게 칭찬을

아빠에게 칭찬을

받았을 때, 맛있는

간식을 떡었을 때,

네가 꼭 가지고 싶

었던 장난감을 갖게

글씨를 예쁘게 따라 써 봅시다.

되었을 때…… . 우리
되었을 때…… . 우리

는 하루에도 셀 수
는 하루에도 셀 수

없을 만큼 많은 기
없을 만큼 많은 기

쁨을 만날 수 있어.
쁨을 만날 수 있어.

기쁜 순간에는 어
기쁜 순간에는 어

116

떤 일들이 일어날까?

떤 일들이 일어날까?

힘이 샘솟고, 뭐든

힘이 샘솟고, 뭐든

지 할 수 있다는

지 할 수 있다는

생각이 들 거야. 허

생각이 들 거야. 허

공을 향해 뛰어오르

✏️ 글씨를 예쁘게 따라 써 봅시다.

공을　향해　뛰어오르

고　싶어지고, 박수를
고　싶어지고, 박수를

치고　싶어지기도　할
치고　싶어지기도　할

거야.
거야.

신남
신남

신이 나면 긍정적

인 생각과 힘이 흘

러 넘친단다.

친구와 춤을 추면

서 밤을 새울 수도

교과서에 나온 낱말을 예쁘게 따라 써 봅시다.

즐	겁	게
즐	겁	게

귀	여	웠	잖	아
귀	여	웠	잖	아

포	근	해
포	근	해

두	드	렸	어	요
두	드	렸	어	요

빗	자	루
빗	자	루

만	장	일	치	로
만	장	일	치	로

읽	기	를
읽	기	를

미	끄	럼	틀	이
미	끄	럼	틀	이

교과서에 나온 낱말을 예쁘게 따라 써 봅시다.

휘	말	리	기
휘	말	리	기

뭐	가
뭐	가

때	처	럼
때	처	럼

빠	졌	어	요
빠	졌	어	요

글	쎄
글	쎄

깜	빡	한
깜	빡	한

물	었	어	요
물	었	어	요

없	나
없	나

좋	을	까
좋	을	까

놀	랐	어	요
놀	랐	어	요

봐	요
봐	요

빨	강	이
빨	강	이

교과서에 나온 낱말을 예쁘게 따라 써 봅시다.

한숨을

헤어진

쉽거든

고민에

시간이었다

재미있는지

동그라미는

공기놀이를

✏️ 교과서에 나온 낱말을 예쁘게 따라 써 봅시다.

두	려	울	지
두	려	울	지

종	일
종	일

몸	짓	을
몸	짓	을

물	었	어	요
물	었	어	요

흔	들
흔	들

때	처	럼
때	처	럼

칭	찬	받	다
칭	찬	받	다

비	밀
비	밀

관	심	이
관	심	이

말	했	어	요
말	했	어	요

힘	든
힘	든

않	았	니
않	았	니

받침이 있는 글자 쓰기

걸	음
걸	음

종	겠	다
종	겠	다

풀	밭
풀	밭

발	짝
발	짝

밖	으	로
밖	으	로

콧	속
콧	속

동	물
동	물

끊	겨
끊	겨

어	떻	게
어	떻	게

없	어
없	어

않	다
않	다

월	요	일
월	요	일

같다　같다

쉽게　쉽게

어떻게　어떻게

잃다　잃다

빨강　빨강

월요일　월요일

126

반침이 있는 글자 쓰기

얼	굴
얼	굴

좋	겠	다
좋	겠	다

정	말
정	말

화	정
화	정

돌	림	자
돌	림	자

뽑	다
뽑	다

2017개편 국어 교과서에 따른

글씨체 따라 쓰기 2-1

초판 발행 2018년 7월 20일

글 편집부

펴낸이 서영희 | **펴낸곳** 와이 앤 엠

편집 임명아

본문인쇄 신화 인쇄 | **제책** 세림 제책

제작 이윤식 | **마케팅** 강성태

주소 120-100 서울시 서대문구 홍은동 376-28

전화 (02)308-3891 | Fax (02)308-3892

E-mail yam3891@naver.com

등록 2007년 8월 29일 제312-2007-00004호

ISBN 978-89-93557-89-3 63710

본사는 출판물 윤리강령을 준수합니다.